# Offrandes à Séléné

SOPHIE JUPILLAT POSEY

© 2022 Sophie Jupillat Posey.
Edition Sophie J. Posey
www.sophiejposey.com

Toutes illustrations faites par MidJourney
« Lune de sang » (Blood Moon) fut d'abord publié
dans Black Moon Magazine n°2
« Lune jaune » (Yellow Moon) et « Gloire de
champagne » (Champagne Glory) furent d'abord
publiés dans l'anthologie *The Stars and Moon in the
Evening Sky* par Southern Arizona Press
« Secrets de dragon » (Dragon Secrets) et « Enfant
de la lune » (Child of the Moon) furent d'abord
publiés dans l'anthologie *Dragonflies and Fairies* par
Southern Arizona Press

# Table des Matières

# Lune de sang

Je dois me préparer à écrire le poème
de la nuit,
Ô lune.
Tu es un sceau de cire,
Un petit terrain de conclusions, avec
des lignes striées
D'hésitants sondages entrelacés – pour
ensorceler l'Homme.
Il te faudra porter la marque forgée de
mon travail
Hélas, il n'est pas prêt.

Je cherche l'inspiration dans l'encrier
argenté de la mer nuageuse et
nocturne.
L'encre de mercure d'étoiles timides,
De la brume changeante qui ne peut
prendre forme, oh ! qui ne le peut
Et se trouble,

Comme moi.

Ô lune, ton visage polymorphe fond
Et autour de toi, le mercure se
transforme en sang,
Alchimie de l'écriture,
Un sang rouge carmin, un flot
D'inspiration, laissant les veines en
lambeaux.

Le sang jaillit alors en une fleur,
Éclosant dans un paysage d'une
luxuriance désespérée :
Violet meurtri, jaune pâle,
Orange boueux, noir cabossé, une
maturité
De pensées saturées, violemment
sensuelles.

Il devra éclore du désespoir de mes
ébats amoureux,
Ô lune, sois le témoin, le messager de
ma muse,
Ma lune de sang, écoute et apaise-moi,

Afin que je puisse écrire le poème de la nuit.

# Feu lunaire

Le souffle glacial de la nuit, se
séparant et se dispersant,
Le voile d'onyx des nuages, une main
douce l'écartant
Pour révéler la pâleur lisse de la lune,
Enfant des cieux, éternelle femme du
monde,
Dans sa magnifique nudité.
Révélant sa majesté aux yeux du
monde sur lequel elle règne,
Révélant la mère oubliée, toujours
abandonnée
Pour son frère jumeau, le roi de la
lumière d'airain : le soleil.
Elle rougit, des rayons argentés
l'embrasent,
Absorbés par son manteau de velours
indigo,
Ses serviteurs scintillants vacillent,
Devant la modestie de leur maîtresse

L'humilité de la reine.
Des fossettes en mercure argenté
ornent sa peau impeccable,
 Une peau sans tache. Peu importe ce
que ses sujets voient,
Trop attentifs aux détails et non au
corps du chef d'œuvre,
Tandis qu'elle sourit tristement.
Oh, elle sourit tristement à son monde,
si vaste,
Et pourtant si petit. Elle préside à tout
cela :
Reine de la vie discrète, Impératrice de
la vie foisonnante,
Du monde sombre d'en-dessous,
Aveugle à la mère qui secourt, aveugle
à l'ombre de la femme
Sous le manteau maternel.
Une couronne d'ambre iridescente
brille
Autour d'elle, comme son sceptre, sa
couronne, et son manteau combinés,
Se heurtant au linceul du noir le plus
profond de la nuit.

Vive la Reine, disent les étoiles.
Les forces du feu et de la glace,
dansant et défendant,
Révérant et révélant,
Dans une bataille fantomatique aux
côtés de leur souveraine,
Leur feu se mêlant aux rayons de leur
Majesté,
Dans des tâches pommelées de
lumière éternellement changeantes.

# Lune jaune

La lune, bordée du noir plus profond
et de bleu marine,
S'assit dans son nuage d'obsidienne
vaporeuse,
Sa circonférence pâle et ondulante
exposée à la vue de tous.

Lune large et pleine,
Grosse lune, lune dodue, lune obèse,
Avec son ombre jaunâtre et maladive.

La pleine lune large et chatoyante,
Avec la lumière ambrée d'une lampe
au tungstène.
La lune, taciturne et hautaine,
Luisant d'une lumière laiteuse et
aveugle comme l'œil doré d'un vieux
chat.

La lune, cernée par des nuages qui
broutent lentement,
Comme des vaches errant dans un
pâturage,
Rutilait d'un jaune tendre,
La couleur pâle d'une rose, avant
qu'elle ne se flétrisse.

La lune arrogante avec son ventre
gonflé, enveloppée d'un vernis
hargneux,
Brillait de l'éclat terne du ventre jaune
pâle d'un triton,
Rampant et se faufilant à travers les
sentiers au sol.

La lune, marbre malade sur le bout du
nez de la nuit,
Broyant du noir, s'installa sur ses
hanches trop lourdes.
Elle brillait, couvait, fusillait de son
regard jaune.

# Lune fertile

Je descends mon regard sur mon
ventre rebondi,
Dans la faible lumière jaune, il
ressemble à une lune,
Une pleine lune qui dépasse de moi,
lisse et ronde.
Et mûre pour la cueillette.

Je suis enceinte et la lune l'est aussi;
Dans son silence constant dans le ciel,
Dans sa façon contemplative de
regarder le monde,
Depuis les sombres plis vaginaux de la
nuit.

Elle est enceinte et riche de l'histoire
du monde,
Ici et maintenant dans sa pleine gloire,
et puis s'amenuisant et oubliée.

Jusqu'à ce qu'elle se lève à nouveau
dans sa pleine splendeur et naisse à
nouveau.
La lune est jaune telle un parchemin,
ancienne et érudite,
Mais elle est lisse comme un nouveau-
né.

Je contemple mon futur nouveau-né,
qui sommeille
Dans les profondeurs de mon ventre,
et je me demande comment mon corps
peut
Produire un être et le pousser dans le
monde,
Un enfant qui va grandir et devenir
une partie de la tapisserie de la vie,
Maintenant le présent, et ensuite le
futur, qui deviendra le passé.

Devenant l'histoire, laissant derrière
elle un héritage que nul ne peut encore
connaître.

Et pendant tout ce temps, la lune regardera en bas, enregistrant dans sa douce lueur parcheminée,
Observant le monde et transcrivant ce qu'elle voit aux cieux nocturnes et muets,
Tout en glissant dans et hors de la grossesse - pleine, gibbeuse, demi, croissant de lune.

Examinant l'histoire que nos enfants engendrent,
Nos enfants avec notre passé dans leurs veines,
Et leurs aspirations dans leurs poitrines,
Et leurs actions et souvenirs commémorés au passé.

Je regarde mon ventre; l'enfant remue brièvement.
Bientôt, il sera mûr pour la cueillette.
Bientôt, la lune commencera

Sa transcription silencieuse, sa chair imprégnée de nouvelles connaissances.

# Fumée dans l'eau

Il y a de la fumée qui danse sur les
eaux troubles de mon esprit.
Mes pensées sont des nuages, du coton
vaporeux et tendu,
S'effilochant en filaments brumeux,
coulant doucement au fond
Du lac de ma conscience.

Je pense au bol de cristal débordant
d'eau de pluie,
Posé sur la table poussiéreuse, de noirs
ruisselets serpentant vers le bas,
Alors que je reste dehors. Le bol est
mon cendrier, la fumée de cigarette
mon parfum.

Il fait sombre au dehors et il n'y a rien
à craindre.
Le ciel nocturne est

Une pellicule de film prise directement
de mon esprit,
Aqueuse, dansante, et attirante.

J'ai de la fumée dans les yeux; c'est de
la neige grise qui tombe.
Je lève les yeux vers la lune lasse,
Et elle est assise dans son couffin de
nuages,
Assise dans son berceau de toiles
d'araignées,
Des toiles d'araignées brillantes
d'argent, gris foncé,

Ondulant comme mes pensées qui se
chevauchent,
Ondulant comme l'eau dans mon bol
de cristal,
Je dois fumer, je ne dois pas fumer, je
dois fumer.
La tentation est belle et elle m'effraie,
Je regarde la lune, j'expire, et la fumée
recouvre

Son flanc blanc d'un gris terne, cachant
le nid soyeux de
Toiles d'araignées et de nuages
enfumés.

Je ferme les yeux et les ouvre à
nouveau;
Les toiles d'araignée se défont dans le
ciel,
Un morceau de mes pensées se défait
également.
L'eau qui coule, l'eau argentée dans la
nuit, bordant les nuages,
S'effaçant. Je ne dois pas fumer. La
lune se dresse fièrement,
Elle n'est plus entourée par la fumée
trompeuse qui orne les nuages.
Et voici qu'ils ne sont plus là et elle
brille de blanc,
Blanche comme la cigarette qui pend
entre mes doigts,
Blanche comme la poudre à laquelle je
la réduis, alors que je la fixe,

La lune, libérée de son berceau de toiles d'araignées et de fumée.

# Gloire de champagne

Trinquons,
À une adolescente maladroite et
timide dans une foule de noirceur.
Pas d'étoiles, pas de comètes gaies
pour atténuer sa timidité morose.
Juste son visage blafard, taché d'acné
gris de suie,
Cachant ses véritables sentiments.
Une jupe légère aux ourlets flottants,
jaune champagne
Voltige dans l'étendue tourbillonnante
de la soirée.
Son visage plein de tristesse se plonge
dans un autre verre de liqueur blême
Tandis qu'elle entreprend son
nouveau voyage
En avançant à grands pas, malgré le
silence qui l'entoure.

Trinquons, à une adolescente timide et
maladroite à la recherche de vrais
amis, dans une foule de vide,
Pas de voie lactée, pas de météores
pour soutenir son esprit chancelant.
Rien que son estime d'elle-même.

# Toujours la nuit

La nuit ombrageait encore la patine
argentée du ciel matinal,
Ombre mouchetée et rugueuse, violet
foncé et onyx.
Ternissant la courbe lisse du flanc du
monde,
Argent délicat, lisse dans le silence du
vallon.

L'ombre du ciel mouchetée et
rugueuse : violet foncé et onyx.
La lumière du soleil polit la corrosion
de la séduction.
Délicat flanc d'argent, argent lisse dans
le silence du vallon.
Le monde appelle à être dévêtu, vierge
dans ses attentes, l'étreinte de la nuit.

La lumière du soleil polira la corrosion
de la séduction.

La douce lueur du soleil effacera
délicatement la ternissure,
Ôtant la pourriture du matin.
Le monde appelle à être dévêtu, vierge
dans ses attentes, l'étreinte de la nuit.
Le visage du ciel se débarrassera de
son linceul et deviendra une beauté
élisabéthaine : de l'argent à l'albâtre.

La douce lueur du soleil effacera
délicatement la ternissure,
Ôtant la pourriture du matin.
Les paupières du ciel s'abaisseront, ne
révélant rien d'autre que l'étendue
argentée devenant blanche.
Le visage du ciel se débarrassera de
son linceul et deviendra une beauté
élisabéthaine : de l'argent à l'albâtre.
Le ciel du matin divorcera de son
amant et sera renouvelé, un tableau
sans tache.

Les paupières du ciel s'abaisseront, ne révélant rien d'autre que l'étendue argentée devenant blanche.
Ternissant la courbe lisse du flanc du monde,
Le ciel matinal divorcera de son amant et sera renouvelé, un tableau sans tache.

Mais la nuit ombrageait encore la patine argentée du ciel matinal.

# Barbe à papa

Des réminiscences de barbe à papa,
Douces et sucrées,
Langoureuses et paisibles,
La lune, une babiole large et claire
dans mon esprit.
Qui rayonne vers le bas,
Nichée dans la concentration et la
clarté, en une harmonie duveteuse
De mon indolence de barbe à papa

# Coupant la lune

Je coupe la lune en deux,
Buvant dans le calice de fumée, jaune
ocre saignant
De la nostalgie tachée et délavée, de la
désespérance, de l'espoir agonisant.
Le calice devenant un iris épuisé,
dissimulé par la nuit,
Une carcasse lasse et tombante.
La lune est une offrande, je la coupe en
deux,
Les rêves de l'homme travaillant dur
dans des filaments de la réalité –
jaune comme un parchemin brûlant
lentement.

# Croissant

Croissant niché dans
Le berceau du ciel, une fine,
Relique blanche et ronde de mon
ongle.

# Secrets de dragon

Ils chuchotèrent des secrets de dragons
au clair de lune,
Des secrets qui tremblaient, des secrets
qui scintillaient, des secrets qui
rugissaient et grognaient
Depuis des siècles.
Il était une fois, des dragons que l'on
pouvait voir dans les miroirs des
cœurs des anciens.
Il était une fois, des anciens qui
possédaient dans leurs mains une
guilde de la connaissance des dragons.
De génération en génération, ils
chuchotaient les secrets des dragons,
Mais ils ne tremblaient plus, ils ne
scintillaient plus.
Comme les hommes ont oublié les
histoires qui les avaient enchantés, les
dragons ont oublié leur place, et leurs
Secrets,

S'engluant dans les teintes grisées et chuchotantes de l'oubli.

Les dragons se sont retirés du cœur des anciens, pour trouver d'autres royaumes où ils pourraient triompher.

Dorénavant, ils ne sont plus que des légendes, des restes d'histoires, des lueurs de fumée,

Demeurant éternellement dans les gueules béantes de la nuit.

Désormais, je guette les dragons dans le ciel,

En espérant trouver la rumeur d'un secret.

Si j'ai de la chance, je peux apercevoir la tête d'un dragon redoutable, d'un nuage sombre et argenté,

Son immense œil étincelant,

Une lumière flambante, un spot Iridescent inondant mon cœur.

Son secret est en sécurité auprès de moi, je ne l'oublierai pas.

# Offrande sacrée

La lune est assise comme une
innocente babiole,
Une lueur tendre qui s'estompe dans
la nuit noire.
De deux côtés, des filets d'étoiles
s'arquent vers le haut,
Des faucilles menaçantes qui tranchent
la nuit avec leur justice impériale.
Des ornements d'ailes pointus
décorent
La lune assise sur son autel,
Une offrande sacrée pour la vaste faim
de la nuit.

# Toiles d'araignée du futur

Des toiles d'araignées dans le ciel, de la nuance la plus sombre et la plus brute d'indigo,
Traînant paresseusement sur l'étendue de beige et de rose,
Fatiguée. Lasses de l'attraction du passé.
Des toiles d'araignées dans le ciel, elles étaient ses cheveux, sauvages et libres.
Des vrilles atteignant l'horizon, indomptées et missionnées,
Brasillant avec les ténèbres de l'incertitude,
Convoluées dans un chemin de curiosité,
Ces toiles d'araignée étaient la corde sensible de ses rêves et désirs.

Des rêves, ronds et pointus, lisses et
rêches,
Comme les flancs de montagne se
dressant hauts et fiers,
Des silhouettes bleu foncé enveloppées
d'un voile mauve, scintillant à
l'horizon,
Reflétées dans les eaux obscures du lac
étalé.

Inclinant sa tête, les yeux jumeaux de
la dame, les étoiles bourgeonnantes de
l'automne,
De minuscules diamants nichés dans
des stries d'orange cendré, de bleu et
de beige,
Sont cachés par sa frange de cheveux
frisés, ces toiles d'araignées ondulant
au rythme de ses respirations,
Le vent calme troublant les eaux du
lac,
Ses vaguelettes se déployant
silencieusement, les profondeurs

teintées de l'indigo le plus sombre et le
plus brut,
Échos des principaux souhaits que
tous désirent, convoitent, aspirent,
Les héritiers de l'ancien désir le plus
profond de l'humanité,
Déformés et souillés à travers les âges,
pourtant, en son sein,
Demeure encore et toujours la pure
joie et le contentement.

Des poches de dernières lueurs
derrière ses paupières,
Elles rajeunissent dans les eaux du lac,
Des taches de lumière dansant, des
aspirations toujours joyeuses et de
l'espoir pour l'avenir,
Tempérés par l'obscurité qui s'installe,
Des entailles verticales de bleu marine
et de cobalt, des coups de couteau de
l'effondrement,
Les braves déchus, victimes de la folie
de leur courage perdu,

Assombrissant leurs cœurs, pour ce
qui se terre en-dessous,
Les algues piquantes du passé qui
s'accroche,
Ou s'accrochant à l'écume souillée du
passé, des conventions, du
conformisme et de l'insensibilité.

La dame, elle étire son corps et tend
ses bras,
Ses cheveux s'enroulant, les toiles
d'araignées s'enroulant, s'enroulant,
Dans la route choisie de son avenir,
belle et douce-amère,
Comme tout. Elle ramasse la lune, le
croissant de lune livide
Depuis le firmament, dans les
tourbillons des nuages ombragés du
crépuscule,
Et l'embrasse doucement, la revêtant
de l'obscurité la plus sincère,
L'obscurité du plaisir de ne pas savoir
ce que l'on aura,

Mais tout en sachant ce que l'on doit faire et ce que l'on fera,

Pour les rêves et désirs, de venir à la fois invités et non invités.

Elle libère la lune et baisse la tête, les toiles d'araignées se dissolvant, se désintégrant,

Avec le rideau d'onyx de la nuit; la lune, qui plana courageusement, un éclat de blancheur et d'argent,

De faibles teintes de gris et de beige, de ce qui pourrait être, de ce qui devrait être,

Le croissant incurvé des ongles de la dame;

De ce qui pourrait être et de ce qui devrait être. Les possibilités de choix.

# Départ

Le splendide nuage d'enclume se mit
en formation,
Se profilant majestueusement, se
frayant un chemin dans l'étendue
effrayante du crépuscule qui
approche.

Il poursuivit son chemin ascensionnel,
encore et encore, la tête gonflant
jusqu'à des proportions effrayantes.
Des idées égoïstes de grandeur lui
donnèrent de la force,
Voulant être la mère suprême de tout.

D'autres nuages se forment, volant
bas,
Duveteux mais menaçants, toutes les
nuances des bleus qui s'assombrissent
Et de vaines conjectures sur le fait de
porter un enfant.

Ils se gonflent de notions d'éducation,
Ils fourmillent d'idées de partage,
Bordés de subtiles nuances d'argent
Et de prune pâle.
L'imposant nuage d'enclume prend de
l'ampleur,
Dans l'anticipation sombre et ravie de
libérer
Sa fureur nue sur le monde,
Des boules scintillant de puissance et
d'énergie,
Prêts à peindre une toile d'attentes
grésillantes,
Une croyance brute qui décore un
paysage calme de rêves passifs.

Pourtant, comme le tonnerre prépare
son cri,
La lune pointe nerveusement son nez,
Revendiquant son trône douteux au
milieu du chaos imminent.
C'est une lune croissante, tachetée de
marques violettes.

Le nuage d'enclume commence à
rétrécir,
Espoirs roulants de porter son enfant
du chaos,
S'effilochant, dans sa fausse couche de
tonnerre qui s'en va.
La lune traverse le froid de la nuit
approchante,
À travers les muscles affaiblis de
l'orage,
En poussant silencieusement un soupir
de soulagement.

# Lune trahie

Lune trahie,
Isolée dans l'admiration oubliée
Empalé sur une croix enflammée de
vengeance jaune.

# Enfant de la lune

Je suis une enfant de la lune,
Glorieux corps de fée d'ivoire et
d'ombres crépusculaires,
Des courbes nacrées, purs rayons de
lumière
Émanant comme des ailes,
Glorieuses, scintillantes, étincelantes,
Se répandant dans le matelas de
l'étendue du soir,
Forme des rêves et de la poésie des
humains,
Avec des veines d'indigo, de violet,
d'outremer,
Souffles de sommeil et de doux rêves,
Séduisants émerveillements de minuit,
Gouttes tremblantes dans le ciel des
espoirs des étoiles et des larmes des
lunes.
Je suis une enfant de la lune et une
déesse de mon petit domaine
dans un royaume d'éternité.

# Tisserande

La tisserande brode une tapisserie
stable dans le ciel,
Avec les mains tordues et étouffantes
de nuages impénétrables,
Des fils d'imagination et d'excitation,
Reflétés dans les filaments d'argent
subtil,
D'un indigo profond qui s'entrelacent
Pour créer un doux matelas
D'histoires fantastiques. De demi-
vérités brumeuses,
De réflexions nébuleuses, d'histoires
réécrites,
Pour ce précieux orbe dans le ciel,
Un bébé niché dans un réceptacle
pelucheux de mensonges.

# Scribe

Scribe avide, intemporel,
Courbé, vigilant
Lunettes perchées, nez d'or.

# Remerciements

Je suis obsédée par la lune et le ciel
nocturne depuis que je suis toute
petite. Il y a une magie dans le début
de la soirée, jusqu'à ces moments
précieux avant l'aube. La lune est
toujours éclipsée par le soleil, plus
hardi, plus fanfaresque. Pour une âme
timide comme la mienne, le sillage
discret de la lune est mon jumeau. J'ai
fait la chronique de mes pensées à
travers les lunes que j'ai vues au cours
des quinze dernières années. Le clair
de lune donne lieu à des odes secrètes
écrites sous le couvert d'hibiscus
obscurcis, à des haïkus nostalgiques
écrits avec la mélancolie du sens de
l'existence. Se réveiller tard dans la
nuit en tant que gardien des mots est
un privilège spécial, qui me permet de
noter les humeurs infinies que la lune

a à offrir. Comme toujours, je remercie la nature et ses sources d'inspiration inépuisables.

# Biographie

Sophie Jupillat Posey écrivit un poème sur le printemps en CM1 et commença une série de romans policiers un an plus tard. Depuis, elle n'a jamais cessé de créer des poèmes et des histoires. Elle a étudié l'écriture et la musique au Rollins College. De nombreuses nouvelles et poésies ont été publiées dans des magazines littéraires depuis 2014. Elle aime lire et écrire tout ce qui va de la science-fiction à la fantaisie, en passant par les romans paranormaux et les romans policiers. Pour sa poésie, elle apprécie tout, tant que cela tisse un lien avec le lecteur, malgré la structure ou la forme. Quand elle n'écrit pas, elle compose de la musique, crée des albums et enseigne à des étudiants en France. Vous pouvez la joindre sur Twitter, Facebook et son site web. Elle est l'auteur de *Les Quatres Prétendants* (*The Four Suitors*) et du recueil de nouvelles *Les Mondes de Travers : Visions de l'Étrange* (*The Inside Out Worlds : Visions of Strange*). Elle est membre du Spofest Poetry and Prose Open Mic, et un nouveau membre de l'Angora Poets World Café.

Liens réseaux sociaux:
Site web: www.sophiejposey.com
Facebook: Sophie Jupillat Posey Writer
Twitter: @JupillatPosey
Goodreads: Sophie Jupillat Posey
Bookbub: Sophie Jupillat Posey

CPSIA information can be obtained
at www.ICGtesting.com
Printed in the USA
LVHW081244211122
733624LV00003B/59